AF257993

NOTICE BIOGRAPHIQUE

SUR

M. LE ROYER

SUIVIE

D'UNE LETTRE DE SES ÉLÈVES

OFFRANT UNE COURONNE DE SOUVENIR

A LEUR REGRETTÉ PROFESSEUR

HOMMAGE DE Mme Vve LE ROYER

PARIS

CHARLES SCHILLER, IMPRIMEUR BREVETÉ

10, FAUBOURG MONTMARTRE, 10

1876

NOTICE BIOGRAPHIQUE

SUR

M. LE ROYER

SUIVIE

D'UNE LETTRE DE SES ÉLÈVES

OFFRANT UNE COURONNE DE SOUVENIR

A LEUR REGRETTÉ PROFESSEUR

NOTICE BIOGRAPHIQUE

SUR

M. LE ROYER (CHARLES-LOUIS)

ANCIEN ÉLÈVE DU LYCÉE SAINT-LOUIS

ET PROFESSEUR DE MATHÉMATIQUES SPÉCIALES

Le 2 février 1876, l'*Association des anciens élèves du Lycée Saint-Louis* s'est réunie en assemblée générale annuelle dans le parloir du Lycée, sous la présidence de M. BONNEL DE LONGCHAMP. Dans cette séance il a été donné lecture de la notice suivante.

L'assemblée en a ordonné l'impression et l'envoi aux membres de l'Association.

M. le proviseur du Lycée secrétaire de l'Association, s'est exprimé en ces termes :

Charles-Louis Le Royer, né à Paris le 15 juillet 1818, d'un père génevois et d'une mère parisienne, fit ses premières études au lycée Saint-Louis. Sa docilité, son application et son aptitude le firent regretter de tous ses maîtres, lorsqu'en 1834, après avoir terminé brillamment sa quatrième, il quitta la France avec toute sa famille qui se retirait à Genève. L'Académie de cette ville, où il termina ses études secondaires, lui délivra ses premiers diplômes.

Revenu à Paris et résolu d'entrer dans l'enseignement, il eut le projet de concourir pour l'Ecole normale supérieure ; mais il en fut détourné par M. Sturm qui trouvait cette voie trop longue pour son jeune et intelligent compatriote. La Faculté de Paris le reçut liencié ès science mathématiques le 21 juillet 1840. La même année, après s'être fait naturaliser français, il fut nommé, le 17 novembre, sur la recommandation de MM. Sturm et Poinsot, régent de mathématiques dans la Haute-Saône, au collége de Luxeuil, où il se fit remarquer

par l'aménité de son caractère, par son amour du devoir et par
la lucidité de son esprit méthodique. Il fut envoyé en avancement
au collége de Verdun le 6 octobre 1841.

La difficulté de concilier les soins qu'il devait à ses élèves avec
ses travaux personnels lui fit regretter de n'avoir pas donné suite
à son dessein d'entrer à l'Ecole normale supérieure, où il aurait pu,
pendant trois ans se livrer à l'étude des sciences dans le calme,
sans préoccupation, sous la direction de maîtres savants et éprouvés.

Trop consciencieux pour dérober le moindre instant à ses élèves
au profit de ses études, voulant cependant se perfectionner dans les
sciences, il prit le parti de se faire mettre en congé en août 1842,
pour suivre les leçons de la Sorbonne et prendre de nouveaux
grades. Licencié ès sciences physiques l'année suivante, il reprit ses
fonctions au collége de Verdun. L'inspecteur général Bourdon, qui
le vit dans sa chaire, reconnut en lui un professeur d'avenir et lui
conseilla de travailler pour l'agrégation des sciences mathématiques.
Le jeune régent fut reçu le troisième au concours de 1844. L'administration, qui tenait à lui donner, un témoignage de bienveillance,
fut heureuse de pouvoir répondre à son désir d'être rapproché de
sa famille, en le nommant professeur suppléant de mathématiques
élémentaires au collége royal de Grenoble. Il réussit pleinement
dans sa nouvelle chaire et, lors de l'inspection générale, il reçut les
félicitations de M. Péclet, qui trouva dans sa classe du zèle et des
résultats remarquables, et signala le jeune professeur à l'attention
du ministre.

Il fut nommé en mathématiques spéciales au collége royal d'Avignon le 26 septembre 1845, au grand regret de l'administration
académique de Grenoble qui avait apprécié son mérite. Il y resta
sept ans entouré du respect et de l'estime de tous. Son mariage
avec une avignonaise, son attachement pour sa nouvelle famille, ses
goûts simples, les succès de ses élèves et la reconnaissance des
parents le firent hésiter longtemps à demander une chaire plus
importante.

« M. Le Royer a donné au proviseur, au public, au recteur, dit
» l'inspection générale de 1846, la meilleure opinion de ses senti-
» ments, de son caractère et de son instruction. Ses élèves sont
» pleins de confiance, d'affection, de déférence.

» Nous n'avons jamais trouvé à Avignon, ajoutait-elle en 1850, de
» classes sérieuses de mathématiques. Il en est autrement depuis
» deux ans. La classe de M. Le Royer est sans doute peu nom-
» breuse, mais elle est bonne. »

Cette classe fit en effet recevoir avec distinction plusieurs de ses élèves à l'Ecole polytechnique. Une année, l'un d'eux fut classé le quatrième; un autre fut admis en même temps le vingt-neuvième; c'était le fils d'un ouvrier maçon que M. Le Royer avait remarqué à l'école des Frères et dont il avait lui-même dirigé gratuitement l'éducation. Ce jeune homme n'est point le seul qui lui ait dû sa carrière, M. Le Royer aimait à faire le bien, à se dévouer sans bruit. Il fit, dans les écoles communales d'Avignon, des cours gratuits de physique et de chimie qui eurent un grand succès. La ville lui témoigna sa reconnaissance en 1848 en le nommant conseiller municipal. Il fut à la même époque appelé dans le conseil d'hygiène qui voulut mettre à profit ses connaissances scientifiques et son dévouement. Il reçut les plus chaleureux remerciements de l'administration communale et du préfet pour « le zèle et l'empressement éclairés » qu'il mit à étudier la nature des eaux dont la ville faisait sa » consommation; ces eaux étaient dénaturées et corrompues par » des usines, » dont les propriétaires, hommes considérables, essayèrent en vain d'acheter son silence.

En 1852, lorsque la classe de mathématiques spéciales, malgré ses succès, fut supprimée au lycée d'Avignon, comme dans tous les colléges de la même catégorie, il y eut une grande émotion dans la ville; l'autorité académique et les personnes notables sollicitèrent en vain le rappel de la mesure, demandant avec instance à conserver M. Le Royer, dont le talent et le zèle consciencieux, disait le recteur, avaient donné au lycée une supériorité incontestée sur les établissements rivaux de la contrée pour les études scientifiques.

Les lycées de Marseille et de Bordeaux se disputèrent alors l'éminent professeur, le premier pour les mathématiques élémentaires, le second pour la préparation à l'École polytechnique. L'expérience qu'il avait de cette préparation lui valut d'être appelé à Bordeaux, où l'on peut dire qu'il fonda l'enseignement des mathématiques spéciales. Ce cours comptait avant lui quatre ou cinq élèves; cet auditoire ne tarda pas à se quadrupler. « Il serait diffi- » cile, dit M. Rollier, inspecteur si habile à juger les hommes, de » demander à un professeur plus de dévouement, plus de zèle et de » persévérance, plus de soins consciencieux que n'en a M. Le Royer. » Nul n'est capable d'efforts plus laborieux et plus constants et n'a » une méthode d'enseignement plus nette et plus sûre. » Tous ses chefs sans exception, proviseurs, recteurs, inspecteurs généraux, ont rendu le même témoignage à son zèle et à son talent.

Chaque année, il sacrifiait la plus grande partie de ses vacances pour assister ses élèves jusqu'au dernier jour des examens d'admission à l'École polytechnique. Une seule fois il ne le fit point : il avait perdu son seul fils, un enfant de douze ans, qui donnait les plus belles espérances. Cette perte l'atteignit profondément ; il se ressentit tout le reste de sa vie du coup qu'elle lui avait porté.

Les élèves de Bordeaux étaient généralement bien classés pour les mathématiques par les examinateurs de l'École polytechnique ; ceux qui étaient admis à cette école s'y relevaient d'une façon marquée, parce qu'ils avaient été bien formés à la méthode scientifique.

M. Le Royer fut désigné par l'inspection générale comme des plus aptes à diriger avec succès les classes nombreuses de Paris. Il fut appelé le 29 septembre 1862 en mathématiques élémentaires au Lycée Saint-Louis, dont des souvenirs d'enfance avaient fait le but de son ambition. Éloigné de cette maison en octobre 1864 pour aller enseigner les mathématiques spéciales au lycée Charlemagne, il y fut rappelé sur sa demande et sur les instances du proviseur et nommé professeur titulaire de la classe de mathématiques spéciales (division des élèves nouveaux). Il ne démentit point la réputation qu'il s'était acquise en province ; ses nombreux élèves apprécièrent ses rares qualités et s'abandonnèrent avec respect et avec confiance à sa direction. Sa parole simple et nette, facile et précise commandait l'attention ; elle avait un attrait particulier et répandait un vif intérêt dans ses leçons. Son caractère égal, affectueux et dévoué, aussi ferme que bienveillant, ne le faisait pas moins aimer que son talent. « Ses élèves, disait M. Vieille, travaillent avec un ensemble » remarquable. Nulle part nous n'avons trouvé un aussi petit nombre » de non-valeurs. »

La distinction de son enseignement lui valut, en 1869, la décoration de la Légion d'honneur.

Il comptait trente-cinq années de services, les succès de ses leçons allaient en croissant, il était connu au loin comme l'un des plus habiles professeurs de mathématiques, lorsque au mois de janvier 1875, sa santé s'altéra au point de l'obliger à demander un congé d'inactivité. Le mal fut sans remède ; sa famille désolée lui ferma les yeux, le 3 juin, après cinq mois de souffrances supportées avec ce courage que peuvent seuls donner la conscience du devoir toujours accompli, le calme absolu de l'âme et la foi en la justice divine.

Il fit bénir son nom de ses proches comme de ses élèves, et leur vint en aide, quoiqu'il eût débuté sans fortune dans la carrière : sa belle-mère, son frère, sa sœur et le fils de cette dernière ont trouvé auprès de lui, pendant de longues années, attentions affectueuses, conseils et secours.

Les devoirs de sa profession et ses charges lui imposèrent un travail trop multiple et trop pénible pour qu'il pût se livrer à des travaux scientifiques de longue haleine. Cependant il avait recueilli des matériaux qu'il comptait mettre en ordre et publier plus tard, lorsque la retraite serait venue lui donner du repos et des loisirs.

Deux mots résument cette vie tout à la fois simple, modeste et féconde : Le Royer a passé en faisant le bien; il l'a semé sur toute sa route, sans ostentation, sans bruit, indulgent pour les autres et sévère pour lui, ne calculant ni son temps ni sa peine; quand son cœur généreux parlait, il semblait ne point se douter des efforts et des sacrifices que lui commandait son dévouement Aussi, a-t-il recueilli partout de l'estime, de la reconnaissance, de la vénération, de vives et durables affections. Je ne parle point des regrets de ceux qu'il a laissés derrière lui; ils ne peuvent être adoucis que par le souvenir ineffaçable des vertus de cette âme d'élite et par la pensée qu'elle jouit en repos du fruit d'une vie si bien remplie.

Les élèves de mathématiques spéciales du lycée Saint-Louis ont adressé à Mme Le Royer, à la date du 14 avril 1876, la lettre suivante :

Paris, le 14 avril 1876.

Madame,

De malheureuses circonstances nous ont empêchés, l'an dernier, de nous rendre aux obsèques de M. Le Royer; et, plus tard, nous n'avons pas osé réveiller, par nos regrets tardifs, des souvenirs si récents encore et si douloureux pour vous.

Ne croyez pas cependant que ce soit à des ingrats que M. Le Royer ait donné tout son travail et toute sa vie; nous nous souvenons toujours combien notre premier maître dans l'étude des mathématiques a été plein de bonté pour notre faiblesse, et quels efforts il a faits pour nous enseigner une partie de la science qu'il possédait tout entière.

Aussi, attendions-nous ce triste anniversaire pour déposer sur sa tombe une couronne de souvenir. Nous ne pouvons pas le faire, cette fois encore. Mais vous, Madame, qui, plus que nous, avez aimé notre cher professeur et pleuré sa perte, soyez assez bonné pour déposer, en notre nom, ce pieux témoignage d'une reconnaissance qui vivra autant que nous-mêmes.

Les élèves de mathématiques spéciales
du lycée Saint-Louis.

En réponse à cette lettre, Mme V^e Le Royer a adressé, dans le numéro du journal le *Temps* du 29 mai 1876, ses remerciements aux anciens élèves de son mari, dans les termes suivants:

Des élèves de mathématiques spéciales du lycée Saint-Louis, en témoignage de leur gratitude pour leur ancien professeur, Charles Le Royer, viennent d'envoyer à sa veuve une couronne qui doit-être déposée à Alby, sur la tombe de cet homme de bien. Mme veuve Le Royer nous charge d'exprimer tous ses remerciements aux anciens élèves de son mari.

Paris.— Imp Ch. Schiller, 10, faub. Montmartre.

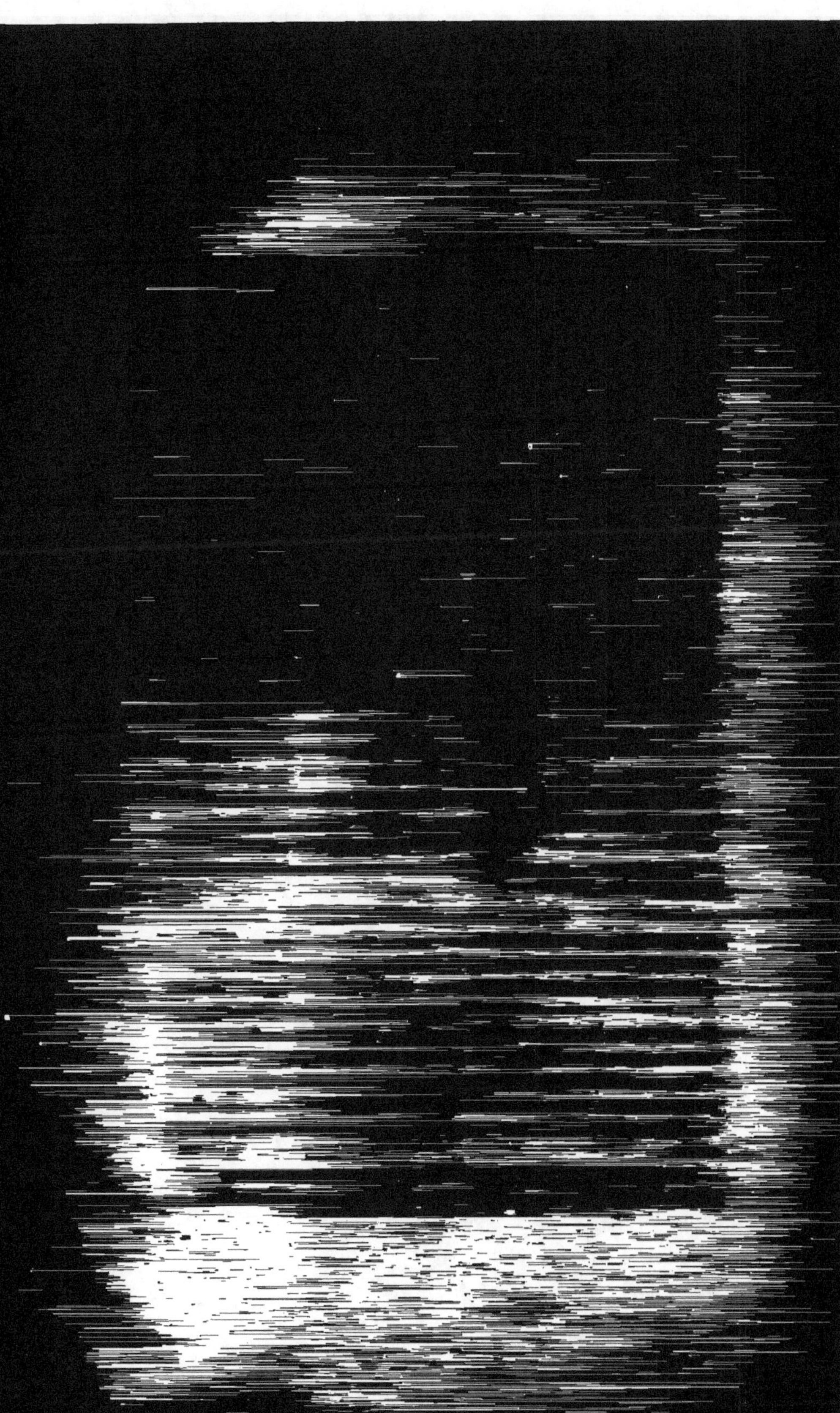

www.ingramcontent.com/pod-product-compliance
Lightning Source LLC
Chambersburg PA
CBHW051448060726

47596CB00006B/2669